BEI GRIN MACHT SICH IHR WISSEN BEZAHLT

- Wir veröffentlichen Ihre Hausarbeit, Bachelor- und Masterarbeit

- Ihr eigenes eBook und Buch - weltweit in allen wichtigen Shops

- Verdienen Sie an jedem Verkauf

Jetzt bei www.GRIN.com hochladen und kostenlos publizieren

Schizophrenie, das Transaktionale Stressmodell und Emotionale Intelligenz

Larissa Streb

Bibliografische Information der Deutschen Nationalbibliothek:

Die Deutsche Nationalbibliothek verzeichnet diese Publikation in der Deutschen Nationalbibliografie; detaillierte bibliografische Daten sind im Internet über http://dnb.d-nb.de abrufbar.

ISBN: 9783346400512
Dieses Buch ist auch als E-Book erhältlich.

© GRIN Publishing GmbH
Nymphenburger Straße 86
80636 München

Druck und Bindung: Books on Demand GmbH, Norderstedt Germany
Gedruckt auf säurefreiem Papier aus verantwortungsvollen Quellen

Das vorliegende Werk wurde sorgfältig erarbeitet. Dennoch übernehmen Autoren und Verlag für die Richtigkeit von Angaben, Hinweisen, Links und Ratschlägen sowie eventuelle Druckfehler keine Haftung.

Das Buch bei GRIN: https://www.grin.com/document/1007905

Einsendeaufgabe

Alternative A

Abgegeben am 29.6.2020

SRH Fachhochschule

Modul: Allgemeine Psychologie 2

Studiengang: Psychologie (B.Sc.)

Von

Larissa Streb

Inhalt

Abkürzungsverzeichnis

z.B.	zum Beispiel
d.h.	das heißt
ca.	circa
bspw.	beispielsweise
etc.	et cetera
EI	Emotionale Intelligenz
ICD	International Statistical Classification of Diseases and Related Health Problems
WfmB	Werkstätte für behinderte Menschen

Abbildungsverzeichnis

1 Aufgabenstellung A1

1.1 Das Krankheitsbild der Schizophrenie

Der Begriff Schizophrenie wurde von E. Bleuler (1911) geprägt. Dieser versteht unter diesem Krankheitsbild die Diskrepanz zwischen der erlebten Innenwelt des Betroffenen und der (seiner) Außenwelt. Gekennzeichnet ist die Schizophrenie durch charakteristische Störungsmuster in verschiedenen Bereichen. Betroffen sind dabei die Wahrnehmung, das Denken, die Ich-Funktionen, die Affektivität, der Antrieb und die Psychomotorik. Das Krankheitsbild der Schizophrenie tritt bei circa 1% der Bevölkerung einmal im Leben auf. Dies gilt für alle Länder und Kulturen (Brunnhuber, S., Frauenknecht, S., Lieb, K., S.175). Männer und Frauen sind gleichermaßen betroffen, allerdings erkranken Männer früher (20-25 Jahre) als Frauen (25-30 Jahre) (Caspar, F. & Pjanic, I. & Westermann, S. 2018, S.85). Frauen in der Menopause weisen einen zweiten niedrigeren Erkrankungsgipfel auf (Behrend, B. & D´Amelio, R. & Wobrock, T. 2007, S.10). Der Verlauf der Krankheit ist nicht vorhersehbar, weswegen von einem nicht homogenen Krankheitsbild gesprochen wird. Häufig beginnt eine Episode der Schizophrenie mit der Vorphase, der *Prodomalphase,* welche sich sowohl über mehrere Jahre, oder aber auch nur über einen kurzen Zeitraum erstrecken kann (Caspar, F. & Pjanic, I. & Westermann, S., 2018, S.85). In dieser Phase zeigt der Betroffene Symptome wie sozialen Rückzug, Schwierigkeiten in der Kommunikation und ein geringes psychosoziales Funktionsniveau (Falkai & Riecher-Rössler, 2019). In der akuten, beziehungsweise *floriden Phase*, treten vermehrt Plus-(oder Positiv-) Symptome auf. Dem normalen Erleben, wird etwas zugefügt, daher das „Plus" in der Namensgebung. Zu den Plus-Symptomen zählen Wahn und Stimmenhören, das heißt das Wahrnehmen ohne eine reale Reizquelle. Auch Ich-Störungen können auftreten, wobei der Betroffene beispielsweise das Gefühl hat, dass seine Gedanken für die Außenwelt hörbar sind oder das eigene Handeln durch die Außenwelt manipuliert sei (Koch, L.J., Prölß, A., Schnell, T., 2019, S.19). Im Anschluss knüpft üblicherweise die *Residualphase* an, die durch Negativ-Symptome gekennzeichnet ist. Negativ-Symptome oder auch Minus-Symptome genannt, sind Defizitzustände, die das Erleben des Betroffenen einschränken. Diese zeigen sich in Form von desorganisiertem Sprechen und Denken, psychomotorische Störungen und Affektstörungen (Caspar, Pjanic, Westermann, 2018, S.83). Es zeigt sich eine Verflachung des Gefühlerlebens. Jedoch nicht in Form einer traurigen Stimmung wie bei einer Depression. Die Person gibt sich in Gesprächen unbeteiligt und ohne emotionale Schwingung (Koch, L.J., Prölß, A., Schnell, T., 2019, S.20). Nach einem akuten Schub lassen die aufgeführten Symptome wieder nach oder es bleibt das vollständige Bild vorhanden (Falkai & Riecher-Rössler, 2019). Tritt zweiteres ein, spricht man von einem chronischen Verlauf. Bei chronischen Verläufen kommt es häufig zu kognitiven und sozialen Beeinträchtigungen. Für die Entstehung einer Schizophrenie gibt es nicht den *einen speziellen Faktor*. Vielmehr ist es das Aufeinandertreffen mehrerer Faktoren. Prozentual gesehen geht man von 70% genetischer und 30% umweltbezogener Faktoren aus (Brunnhuber, S., Frauenknecht, S., Lieb, K., S.176). Die Integration der verschiedenen Faktoren wurde im sogenannten *„Vulnerabilitäts-Stress-Ressourcen-Modell"* zusammengefasst. Unter Vulnerabilität ist die Verletzlichkeit, beziehungsweise Anfälligkeit zu verstehen (Brunnhuber, S., Frauenknecht, S., Lieb, K., S.177). In diesem Fall bezieht sich die Anfälligkeit auf die Schizophrenie. Symptome die demnach eine Entstehung oder Erhaltung der Schizophrenie begünstigen sind beispielsweise ein genetisches Risiko (medizinisch-biologisches Risiko), kognitive Verzerrungen (psychologische Ebene), oder geringer sozioökonomischer Status (soziale Ebene). Bewältigungsstrategien (Strategien zum Stressabbau, Fähigkeit sich Hilfe zu organisieren) des Patienten können diese Risikofaktoren modulieren. Je mehr dieser Faktoren gleichzeitig auftreten und zusammenwirken und durch Ressourcen nicht kompensiert werden können, umso höher ist das Risiko einer Entstehung oder Erhaltung einer Schizophrenie (Caspar, Pjanic, Westermann, 2018, S.86). Erkrankt ein erstgradiger Verwandter, so kann ebenfalls von einem erhöhten Risiko ausgegangen werden. Es wird angenommen, dass die Vulnerabilität, vor allem in Kombination mit Stress, bestimmte Entwicklungsprozesse des Gehirns verändert. Auch der Konsum von Cannabis kann in Beziehung zu einer Schizophrenie gestellt werden, da sie vermutlich die gleichen Regionen im Gehirn beeinflussen. Zudem wird Cannabis häufig in genau den Lebensphasen konsumiert, in denen besonders relevante Prozesse im Gehirn ablaufen, die auch eine Schizophrenie begünstigen können (Koch, Prölß, Schnell, 2019, S.22). Die Schizophrenie wird als wichtigstes Krankheitsbild in der Klassifikation für psychische Störungen in der Gruppe F20 bis F29 (Schizophrenie, schizotype und wahnhafte Störung) zusammengefassten Erkrankungen bezeichnet. (Behrend, B., D´Amelio, R., Wobrock, T., 2006, Seite 5). Anhand operationalisierter Kriterien ist es möglich, das Krankheitsbild der Schizophrenie, zu diagnostizieren. Folgende Leitsymptome nach dem ICD-10 stellen eine schizophrene Episode dar.

(1) Gedankenlautwerden, -eingebungen, -entzug, -ausbreitung

(2) Kontroll- und/oder Beeinflussungswahn; Gefühl des Gemachten bzgl. Körperbewegungen, Gedanken, Tätigkeiten oder Empfindungen, Wahnwahrnehmung

(3) Kommentierende oder dialogische Stimmen

(4) Anhaltender, kulturell unangemessener oder völlig unrealistischer Wahn (bizarrer Wahn)

(5) Anhaltende Halluzinationen jeder Sinnesmodalität

(6) Gedankenabreißen oder -einschiebung in den Gedankenfluss

(7) Katatone Symptome wie Erregung, Haltungsstereotypien, Negativismus oder Stupor

(8) Negative Symptome wie auffällige Apathie, Sprachverarmung, verflachter oder inadäquater Affekt

Schizophrenie darf nur dann diagnostiziert werden, wenn:

1. Über die Dauer von mindestens einem Monat ein eindeutiges Symptom (oder aber zwei oder mehrere Symptome bei geringerer Eindeutigkeit) der Gruppen **1-4** oder

2. Mindestens zwei Symptome der Gruppen **5-8** vorliegen.

Des Weiteren muss ausgeschlossen werden, dass die aufgetretenen Symptome nicht aufgrund anderer Ursachen (beispielsweise Erkrankungen des Gehirns, Intoxikation oder Entzugssymptomatik) vorhanden sind (Behrendt & D´Amelio & Wobrock, 2007, S.6).

Trotz der Vielzahl der Symptome wird lediglich zwischen drei Unterkategorien unterschieden.

1. Paranoide Schizophrenie:
   Dieser Subtyp kommt am Häufigsten vor. Der Betroffene leidet an Wahnideen, Wahnvorstellungen und Halluzinationen.
2. Hebephrene Schizophrenie:
   Hierbei zeigt sich desorganisiertes Verhalten und unorganisiertes Sprechen und Denken.
3. Katatone Schizophrenie:
   Die Motorik ist stark eingeschränkt.

Von Laien wird die Schizophrenie mit dem Störungsbild der multiplen Persönlichkeit gleichgesetzt. Dies ist eine fälschliche Annahme, da es sich bei der multiplen Persönlichkeit um eine „dissoziative Störung" handelt, bei der es zu einer Abspaltung verschiedener Selbstanteile kommt. Schizophrenie heißt auf Deutsch „Spaltungsirrsinn", wobei die Spaltung von Seele und Realität gemeint ist.

1.2 Die schizotype Störung

Dieses Störungsbild zählt zu den sehr seltenen Störungen. Es wird davon ausgegangen, dass die schizotype Störung dem „genetischen" Spektrum der Schizophrenie zugehörig ist. Dieses zeichnet sich durch einen kalt wirkenden Affekt, Anhedonie (Problematik darin Freude zu empfinden), egozentrisches, manchmal bizarres Verhalten, soziale Isolation, unübliche Überzeugungen und vermehrtes Grübeln und Überdenken diverser Situationen aus. Körperfühlstörungen, Depersonalisation und Derealisationserleben, Wahnvorstellungen und Halluzinationen können ebenfalls auftreten. Personen mit schizotyper Störung zeigen einen eigenwilligen Sprachgebrauch, der oft gekünstelt und aufgesetzt wirkt Nach dem ICD-10 sollen **mindestens drei der folgenden Symptome für mindestens zwei Jahre** ständig oder in Episoden vorhanden gewesen sein, damit eine schizotype Störung (ICD-10 F21) diagnostizierbar ist:

1. Inadäquater oder eingeschränkter Affekt (Person erscheint kalt und unnahbar)
2. Seltsames, exzentrisches oder eigentümliches Verhalten und ebensolche Erscheinung
3. Wenig soziale Bezüge und Tendenz zum sozialen Rückzug
4. Seltsame Glaubensinhalte und magisches Denken, die das Verhalten beeinflussen und im Widerspruch zu kulturellen Normen stehen
5. Misstrauen oder paranoide Ideen
6. Zwanghaftes Grübeln ohne inneren Widerstand, oft mit dysmorphophoben, sexuellen oder aggressiven Inhalten
7. Ungewöhnliche Wahrnehmungserlebnisse mit Körpergefühlsstörungen oder anderen Illusionen, Depersonalisations- oder Derealisationserleben
8. Denken und Sprache vage, umständlich, metaphorisch, gekünstelt, stereotyp oder anders seltsam, ohne ausgeprägte Zerfahrenheit
9. Gelegentliche vorübergehende quasipsychotische Episoden mit intensiven Illusionen, akustischen oder anderen Halluzinationen und wahnähnliche Ideen; diese Episoden treten im Allgemeinen ohne äußere Veranlassung auf.

Die schizotype Störung zählt mit der paranoiden und schizoiden Störung zu den Schizophrenie-Spektrumsstörungen. Positive Auswirkungen auf dieses Störungsbild können Psychotherapien, Training sozialer Fertigkeiten und eine niedrige Dosierung von Neuroleptika zeigen (Brunnhuber, S., Frauenknecht, S., Lieb, K., S.199-200)

1.3 Die wahnhafte Störung

Dieses Störungsbild besteht meist über Jahre hinweg und kann den Betroffenen bis an sein Lebensende begleiten. Das am häufigsten auftretende Manifestationsalter ist das mittlere bis spätere Lebensalter. Je früher die Erstmanifestation auftritt, um so günstiger der Behandlungsverlauf. Bei der wahnhaften Störung (ICD-10 F22) kann sowohl nur ein einzelner Wahn auftreten, als auch mehrere Wahninhalte aufeinandertreffen (z.B. Beziehungswahn, Eifersuchtswahn, Verarmungswahn) (Brunnhuber, S., Frauenknecht, S., Lieb, K., S.201). Die häufigsten Themen der Wahninhalte sind:

* Verfolgung und Eifersucht (Othello-Syndrom)
* Größe und Bedeutung (Megalomanie)
* Hypochondrie
* Querulanz

Allerdings treten keine zusätzlichen psychotischen Symptome auf. Verglichen mit den Wahnideen von schizophrenen Patienten, handelt es sich nicht um bizarre Vorstellungen, sondern sie sind inhaltlich nicht ungewöhnlich und in verschiedenen Hinsichten nachvollziehbar. Nach der ICD-10 müssen die Wahnvorstellungen **mindestens drei Monate** anhalten, damit eine wahnhafte Störung klassifiziert werden kann. Eine mögliche psychiatrische Differenzialdiagnose wären die vorübergehenden akuten psychotischen Störungen (kürzere Krankheitsdauer), Schizophrenie (typische schizophrene Symptomatik) oder affektive Erkrankungen mit psychotischer Symptomatik. Ein alkoholischer Eifersuchtswahn und eine paranoide Persönlichkeitsstörung gilt es auszuschließen. Die Anwendung von Antipsychotika in Form einer Pharmakotherapie zeigt sich häufig als nicht gewinnbringend. Eine erfolgreichere Behandlungsmaßnahme können psychotherapeutische oder kognitiv-behaviorale Verfahren darstellen, wobei sich die Behandlung bei diesem Krankheitsbild generell als schwierig erweist. Selten zeigen die Patienten Veränderungsmotivation, da sie sich nicht krank fühlen (Brunnhuber, S., Frauenknecht, S., Lieb, K., S.201).

1.4 Arbeit mit psychischen Erkrankungen

Nicht selten bringen psychische Erkrankungen den Verlust des Arbeitsplatzes mit sich. Dies kann zu einem zusätzlichen Risikofaktor für die Betroffenen werden. Die berufliche Wiedereingliederung spielt eine wichtige Rolle im Bereich der Rehabilitation (Wittchen &

Hoyer, 2011, S.847). Zunächst gilt es den Betroffenen auf ambulantem oder stationärem Weg zu behandeln. Im Bereich der stationären Maßnahmen wird zwischen zwei Möglichkeiten unterschieden. Entweder in Form eines Aufenthaltes in einer psychiatrischen oder psychosomatischen Akutklinik, wobei es um die Herstellung der Gesundheit geht, oder der Aufenthalt in einer Rehabilitationsklinik. Hier steht das Widererlangen der Erwerbstätigkeit im Vordergrund. Zusätzliche Maßnahmen wie Psychotherapie, Ergotherapie und die engmaschige Zusammenarbeit mit einem Facharzt erwiesen sich als effizient. Anknüpfend an die Behandlung in einer Akutklinik (sowohl stationär als auch teilstationär) gibt es die Möglichkeit auf eine Weiterbehandlung in einer psychiatrischen oder psychosomatischen Tagesklinik. Die Vorbereitung auf ein „normales, selbstbestimmtes Leben" steht hierbei im Mittelpunkt (Beta-Institut, 2019). Die „berufliche Rehabilitation" ist eine weitere Möglichkeit. Verschiedene Anlaufstellen bieten Trainingsmaßnahmen zur Wiederaufnahme einer regelmäßigen Beschäftigung für die Erkrankten an. Die Rückkehr an den Arbeitsplatz kann zu einer Stabilisierung im alltäglichen Leben des Betroffenen führen und gehört zum Genesungsprozess dazu. Sowohl die persönliche Entwicklung als auch die finanzielle Absicherung spielen eine entscheidende Rolle. Wichtig ist, dass offen mit der Krankheit und der Symptomatik umgegangen wird. Der Arbeitgeber, Vorgesetzte und Kollegen sollten von der Krankheit in Kenntnis gesetzt werden, damit sensibel und adäquat mit der Person und der neuen Situation gearbeitet werden kann. Es bedarf einem besonderen Umgang, damit aufgrund der Wiedereingliederung keine erneute Krise hervorgerufen wird. Das bedeutet, dass das Arbeitsumfeld an die Bedürfnisse der Person angepasst werden müssen (Wittchen & Hoyer, 2011, S.848). Dies geschieht stufenweise. Die stufenweise betriebliche Rehabilitation ist ein essentieller Bestandteil. Hierbei gilt es die Arbeitszeiten zunächst gering zu halten, dem Angestellten die Möglichkeit auf individuelle Pausen zu gewährleisten und das Arbeitstempo selbst bestimmen zu können. Dadurch wird der Leistungsdruck verringert und die Psyche erlangt Stabilität. In diesem Rahmen kann es notwendig sein, eine berufliche Umorientierung in Erwägung zu ziehen. Die Rückkehr an den Arbeitsplatz bedeutet nicht die Rückkehr der selben Person. Es ist denkbar, dass die Person aufgrund der Erkrankung eine Veränderung durchlebt hat und nun nicht mehr in der Lage ist, den ursprünglichen Beruf auszuüben. Ist es dem Erkrankten nicht möglich in sein altes Umfeld zurückzukehren oder einen anderen passenden Beruf auf dem ersten Arbeitsmarkt auszuüben, besteht die Option eine Beschäftigung auf dem zweiten Arbeitsmarkt anzunehmen. Der zweite Arbeitsmarkt unterscheidet sich dahingehend, dass er auf die Zuschüsse und die finanzielle Unterstützung des ersten Arbeitsmarktes angewiesen ist (Beta-Institut, 2019).

1.5 Behindertenwerkstätte als Möglichkeit

Die Beschäftigung für Menschen mit einer Schizophrenie in einer Behindertenwerkstatt kann eine Möglichkeit darstellen, ins Berufsleben zurückzukehren. Um in diesem Bereich Fuß fassen zu können, muss in einem Eingangsverfahren geprüft werden, ob diese Eingliederungsmaßnahme für den Betroffenen geeignet ist (Wittchen & Hoyer, 2011, S.848). Dies kann eine Dauer von vier Wochen bis hin zu drei Monaten betragen. Im Anschluss wird ein Eingliederungsplan für die Person erstellt. Es wird adäquat auf die Bedürfnisse, die Leistungsfähigkeit und die Neigung der Person eingegangen, um dieser eine passende Beschäftigung anbieten zu können. Im Arbeitsbereich steht, wie auf dem ersten Arbeitsmarkt, das Abwickeln von Produktionsaufträgen im Vordergrund. Zusätzlich soll dafür gesorgt werden, dass parallel zur Dienstleistung Maßnahmen ergriffen werden, um das Potenzial und die Persönlichkeit der Arbeitskräfte zu fördern. Der begleitende Dienst stützt diese Maßnahmen mit einer engmaschigen Zusammenarbeit mit den Werkstätten. Nach der Werkstättenverordnung muss jede Werkstatt über einen begleitenden Dienst verfügen, welcher die Arbeitskräfte durch pädagogische, psychologische, medizinische und soziale Betreuung unterstützen. Die medizinische Betreuung muss mit einem Facharzt abgesprochen und vertraglich festgehalten werden (Werkstaetten-im-Netz, 2019).

Vorteile:

- Arbeitsförderungsgeld ist unabhängig von Leistung und wird bedingungslos an den Beschäftigten ausgezahlt
- Sinnvolle Beschäftigung und Weiterentwicklung der Persönlichkeit
- Arbeitsbedingungen sind ähnlich wie auf dem ersten Arbeitsmarkt, was den Wiedereinstieg erleichtert
- Übergang zum ersten Arbeitsmarkt als Hauptziel
- Förderung der Erwerbs- und Leistungsfähigkeit
- Breites Angebot an Beschäftigungsmöglichkeiten

Nachteile:

- auf 120 Beschäftigte nur ein Sozialarbeiter oder Sozialpädagoge
- geringes Arbeitsentgelt
- Entlohnung teilweise abhängig von der wirtschaftlichen Situation der Werkstatt (Beta-Institut, 2019)

Werkstätte für behinderte Menschen können eine gute Möglichkeit für den Wiedereinstieg ins Arbeitsleben und die Erwerbsfähigkeit darstellen. Auf diesem Weg nähern sie sich einem selbstorganisierten Leben und die Persönlichkeit kann sich stabilisieren und weiterentwickeln. Die Entlohnung in diesem Bereich ist ebenfalls ein Schritt in die persönliche Unabhängigkeit, wobei diese oft nur gering ist. Dies kann für Menschen, die in ihrem bisherigen Leben einer Beschäftigung auf dem ersten Arbeitsmarkt nachgegangen sind eine enorme Umstellung sein, da sich die Vergütung deutlich voneinander unterscheidet.

2 Aufgabenstellung A2

2.1 Entstehung von Emotionen durch Bewertungen

Die Entstehung von Emotionen wurde schon in mehreren Theorien beleuchtet. Der Entstehung einer Emotion gehen immer personenabhängige Bewertungen voran. Ein Vorkommnis setzt einen Bewertungsablauf in Gang, der sich beispielsweise auf die eigene Situation, Wünsche, Ziele, Werte und Normen bezieht. Es ist entscheidend wie groß die Diskrepanz zwischen persönlichen Vorstellungen und eingetroffenem Ereignis ist. Dementsprechend entsteht eine Emotion nur geringfügig, stark wahrnehmbar oder gar nicht. Dabei spricht man von kognitiver Bewertung. Schmidt-Atzert et al. entwickelten drei verschiedene Ansätze, welche die Rolle der Bewertung in Kausalmodellen beschreiben soll. Kausalmodelle beziehen sich auf die **Ursache-Wirkungs-Relation** von Gefühlen und Bewertungen in Bezug auf die Entstehung eines Reizes/Ereignisses (Schmidt-Atzert et al. 2014, S.136). Die folgenden Modelle beginnen mit einem wahrgenommenen Ereignis. Dabei kann es sich nicht nur um eine akute Situation handeln, sondern auch um eine Erinnerung aus der Vergangenheit oder um eine Vorstellung in der Zukunft.

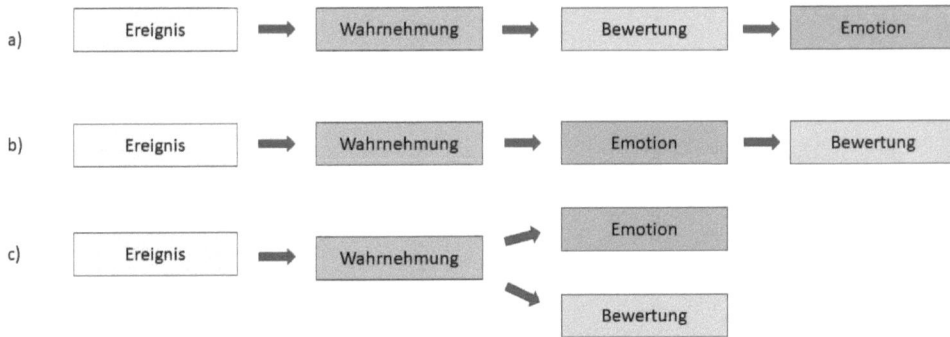

Abbildung 1: Kausalmodelle zur Bewertungen bei der Entstehung von Emotionen
Quelle:Eigene Darstellung in Anlehnung an Schmidt-Atzert et. al (2014), S.136

Modell a) beschreibt den Reizbewertungsansatz. Hierbei spielt die Bewertung des Ereignisses die entscheidende Rolle. Das bedeutet, dass auf das wahrgenommene Ereignis/ den Reiz erst dann eine Emotion folgt, wenn die kognitive Bewertung abgeschlossen ist. Beispiel: Ob aus einer als „gut" bewerteten Hausarbeit Freude (Emotion) resultiert, ist abhängig davon, wie die Person wiederum das Ergebnis bewertet. Es könnte ebenso zu Enttäuschung

13

(Emotion) führen, wenn die Person mit einer „besseren" Bewertung gerechnet hat. (Benotung= Ereignis/Reiz) (Schmidt-Atzert et al., 2014, S.134).

Modell b) besagt, dass nach dem Wahrnehmen des Ereignisses/ des Reizes zunächst eine Emotion folgt, welche erst anschließend bewertet und eingeordnet wird. Es hängt also davon ab, welche Emotion direkt auf den Reiz folgt. Beispiel: Beim Erhalten der als „gut" bewerteten Hausarbeit entsteht Freude (Emotion), dementsprechend muss der Reiz (die Note) positiv sein (Schmidt-Atzert et al., 2014, S.136)

In *Modell c)* finden Emotion und Bewertung unabhängig voneinander statt. Sie können parallel stattfinden oder aufeinander folgen, nachdem ein Ereignis wahrgenommen wurde. Die agierende Person versucht an dieser Stelle die eigenen Emotionen zu regulieren, weswegen hier auch von **Emotionsregulation** gesprochen wird. Negative Emotionen sollen durch gezieltes Umdenken in positive Emotionen umgewandelt werden. Beispiel: Wurde mit einer besser als „gut" bewerteten Hausarbeit gerechnet, tritt möglicherweise die Enttäuschung (Emotion) ein. Durch gezieltes Neubewerten der Situation wie beispielsweise „beim nächsten Mal verbessere ich die genannten Kritikpunkte der aktuellen Arbeit", kann sich die Gemütslage ändern und dennoch Freue (Emotion) über die als „gut" bewertete Arbeit entstehen (Schmidt-Atzert et al., 2014, S.135)

2.2 Die Rolle der Bewertung im Transaktionale Stressmodell nach Lazarus

Das transaktionale Stressmodell stellt das Konzept der Bewertung (*appraisal*) und die Bewältigung (*coping*) in den Fokus und beschreibt Stress als einen Prozess (Faltermaier, 2017, S.94). Die Bewertung (*cognitive appraisal)* wird als Kernstück der Theorie bezeichnet und charakterisiert, weshalb die Person bei objektiv ähnlichen Situationen, andere Reaktionen vorweist als eine weitere Person. Die subjektive Einschätzung der Situation ist der entscheidende Faktor. Externe und interne Anforderungen werden bewertet und anschließend entscheidet sich, welche Folge die Anforderung für die Person hat und ob sie mit den vorhandenen Ressourcen bewältigt werden kann. Es wird davon ausgegangen, dass Menschen mit der Umwelt transaktional verbunden sind und auf Ereignisse reagieren (Faltermaier, 2017, S. 92-94). Diese Ereignisse wirken als Reiz auf die Person, die im Anschluss eine Bewertung der Situation veranlasst. Es wird aber nicht nur ein Augenmerk auf die Bewertung gelegt, sondern auch der Bewältigung wird eine Rolle zugeschrieben. Wird die Situation als *„Fähigkeiten überfordernd eingeschätzt"*, kommt es zu Stress. Demnach ist es im Allgemeinen entscheidend, wie die Person die Situation einschätzt und bewertet. In diesem Modell wird zwischen drei verschiedenen Bewertungsprozessen unterschieden: die Primärbewertung, die

Sekundärbewertung und die Neubewertung. Auf einen Reiz folgt die „*Primärbewertung*" (primary appraisal), bei der die Person, anhand subjektiver Wahrnehmung, entscheidet, ob die Lage für sie positiv, irrelevant oder stressig ist. Stressige Ereignisse werden erneut unterschieden zwischen Schaden, Verlust, Bedrohung und Herausforderung (Reif, Spieß & Stadler, 2018, S.44-47). Im Anschluss, bei der „*Sekundärbewertung*", wägt die Person ab, ob sie über notwendige, hilfreiche Ressourcen verfügt, um die Situation zu bewältigen. Sind passende Ressourcen vorhanden, wird die Situation keine weiteren Stress bringenden Konsequenzen haben. Andernfalls, wenn keine geeigneten Ressourcen zur Verfügung stehen, resultiert Stress (Faltermaier, 2017, S.93-94).

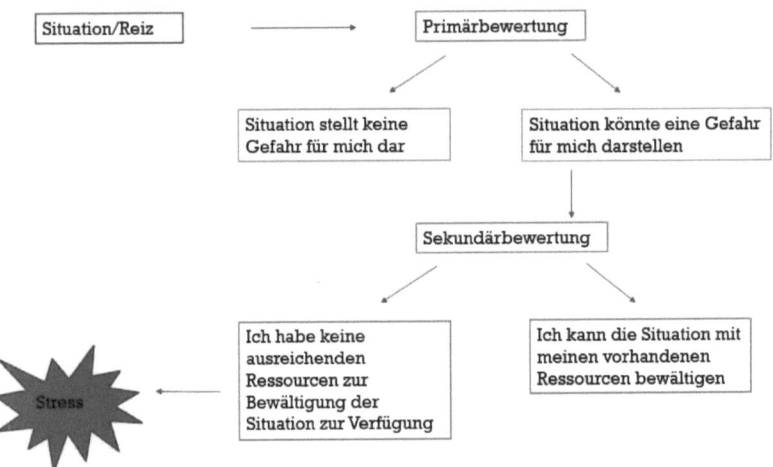

Abbildung 2: Bewertungsablauf im Transaktionalen Stressmodell nach Lazarus

Quelle: Eigene Darstellung

Im letzten Schritt des Modells kommt es zur Neubewertung (reappraisal) der Situation, in der entschieden wird wie bedrohlich oder gefährlich die Lage für die agierende Person erscheint. Unter Einbezug der Umwelt kann sich die eigene Einschätzung des Ereignisses möglicherweise verändern (Faltermaier, 2017, S.94). Demzufolge kann eine adäquate Reaktion angepasst werden und weitere Handlungsansätze herausgearbeitet werden.

15

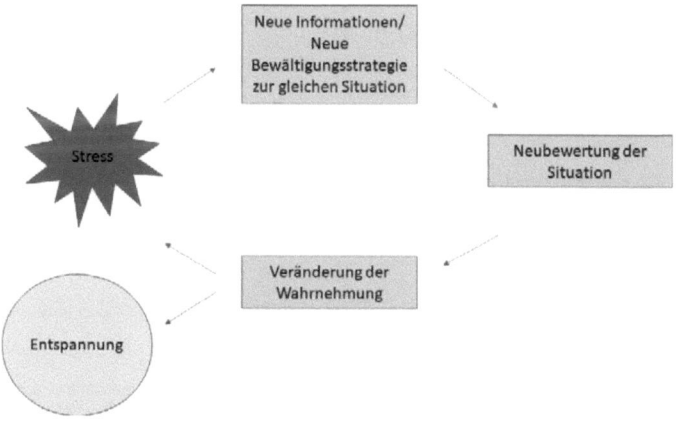

Abbildung 3: Ablauf der Neubewertung der Situation im Transaktionalen Stressmodell nach Lazarus

Quelle: Eigene Darstellung

2.3 Bewältigung von Stress anhand des Stressmodells nach Lazarus

Das Konzept der Bewältigung stellt einen unverzichtbaren Teil im Stressmodell nach Lazarus, beziehungsweise allgemein im Stressprozess dar. Lazarus und Folkman definieren den Begriff **Bewältigung** *„als sich ständig verändernden kognitiven und verhaltensmäßigen Bemühungen einer Person, mit den spezifischen, externen und/oder internen Anforderungen fertig zu werden, die so eingeschätzt werden, dass sie ihre eigenen Ressourcen beanspruchen oder übersteigen "*(Lazarus & Folkman, 1984, S. 141). Der Bewältigungsversuch bezieht sich immer auf eine subjektiv wahrgenommene, belastende Situation. Nach dem Ansatz von Lazarus ist jedoch nicht entscheidend, ob die Bemühung ein Problem zu lösen erfolgreich war. Die Bewältigung ist unabhängig von Erfolg oder Misserfolg, sondern definiert sich über das Anstrengen und das Bemühen mit einer Situation klarzukommen. Des Weiteren wird von Bemühung gesprochen, da die Reaktion auf Stressoren nicht automatisch und unwillkürlich abläuft, sondern innerpsychische Prozesse vonstattengehen. Die Person muss aufgrund von Bewertungen der Situation Entscheidungen treffen, wie es weiter zu verfahren gilt. Dies beinhaltet auch die kognitive Umstrukturierung und Neubewertung der Anforderung, was zur Folge haben kann, dass Belastungen als weniger schwerwiegend eingeschätzt werden, als zuvor (Faltermaier, Toni, 2017, S.94-95)

2.4 Copingstrategien

Ein weiterer Bestandteil des Modells von Lazarus stellt das Bewältigungsverhalten, das sogenannte *Coping* dar. Im Allgemeinen zielt *Coping* darauf ab, ein Problem oder eine belastende Situation zu lösen, zu vermindern und schlussendlich die Situation zu verbessern. In welcher Form das geschieht, hängt von der Art der Bewältigungsstrategie ab. Es wird unterschieden zwischen *„emotionsbezogenem Coping"*, *„problembezogenem Coping"* und *„multiaxialem Coping"* (Reif, Spieß & Stadler, 2018, S.102).

Problembezogenes Coping zielt darauf ab, den Auslöser der belastenden Situation/ des Problems aufzulösen und zu bewältigen. Es wird konkret am Ursprung gearbeitet, damit dieser und die damit zusammenhängenden Gefühle nicht mehr vorhanden sind. Dies kann beispielsweise in Form von lösungsorientierten Gesprächen und Aussprachen vonstattengehen. Diese Strategie kann sich als nützlich erweisen, wenn es um kontrollierbare Situationen und Problemstellungen handelt (Faltermaier, 2017, S.96).

Emotionsbezogenes Coping zielt darauf ab, die belastende Situation dahingehend zu verändern, dass die eigenen resultierten Emotionen verbessert werden. Das bedeutet, dass der Umgang mit dem Problem durch positives Denken, Entspannung, Ablenkung, innerliche Distanz, Sport, soziale Kontakte oder auch durch Drogenkonsum (Alkoholkonsum, Cannabiskonsum etc.) verändert wird. Diese Form von Coping zeigt sich besonders effektiv bei Situation die nicht kontrollierbar sind. Hierbei können durch Umdenken und Neubewerten der Situation, die Emotionen und die Einstellung zu der Sache positiv beeinflusst werden (Faltermaier, 2017, S.96).

Multiaxiales Copingmodell bezieht sich auf ein dreidimensionales Achsensystem. Dieses System, beziehungsweise die verschiedenen Achsen, zeigen unterschiedliche Bewältigungsstrategien auf. Die *„aktiv-passiv-Achse"* beschreibt, wie die betroffene Person mit einer bestimmten Situation umgeht. Hierbei wird zwischen aktiv agierendem Umgang und passiv verdrängendem Umgang unterschieden. Unter *aktivem Umgang* versteht man, das lösungs- und problemorientierte Agieren mit der Sache. Die Person nimmt sich der Lage an und arbeitet zielstrebig an einer Verbesserung der Ausgangssituation. Von *„passiv"* wird gesprochen, wenn die Situation beispielsweise verdrängt und eine vermeidende Haltung angenommen wird. Die zweite Achse, die soziale Dimension, zeigt den Bereich *„prosozial-antisozial"* an. *Prosozial* bedeutet, in welchem Ausmaß eine Person Hilfe anbietet, aber auch sucht und annimmt. Die *antisoziale* Haltung ist sozusagen das Pendant, welches beschreibt, dass die Person sich gezielt verletzend gegenüber anderen zeigt und keine Hilfestellung sucht, beziehungsweise annimmt. Die dritte Achse ist die „direkt-indirekte" Achse. Diese Achse ist beeinflusst durch verschiedene Kulturen. Direkte Bewältigungsstrategien sind vorwiegend in individualistischen Ländern vertreten. Zu diesen zählen die USA, Australien, Irland, Deutschland und Südafrika. Hier stehen die Vorlieben und die Bedürfnisse des Einzelnen über denen der Gesamtgruppe. Die belastenden Situationen werden direkt angegangen und weitestgehend selbstständig gelöst. Indirekte Bewältigungsstrategien finden sich in kollektivistischen Ländern (asiatischer Raum) wieder. Kollektivistische Länder nutzen zur Problemlösung eine Vielfalt an Strategien und greifen auf die Unterstützung von sozialen Kontakten, wie Familie und Freunde zurück. Es wird diplomatisch und taktisch gehandelt, um die Person gegenüber in ihrem Handeln zu beeinflussen (Reif, Spieß & Stadler, 2018, S.103-105).

Welche Bewältigungsstrategie angewendet wird, um ein Konflikt oder eine belastende Situation zu lösen ist abhängig von der betroffenen Person, über welche Ressourcen sie verfügt und welche Merkmale die Situation mit sich bringt. Verdrängung des Problems, Resignation, und vermeidendes Verhalten zeigen sich als nicht effektiv. (Reif, Spieß & Stadler, 2018, 102-105)

3 Aufgabenstellung A3

3.1 Das Konzept der Emotionalen Intelligenz

Anfang des 20. Jahrhunderts entstand neben der klassischen akademischen Intelligenz ein neues Modell, die emotionale Intelligenz. Im Mittelpunkt des Konzeptes der emotionalen Intelligenz steht das Erfassen und Verstehen von Gefühlen. Dies bezieht sich nicht nur auf die eigenen Gefühle, sondern auch auf die der Mitmenschen. Folgende nicht-kognitiven Fähigkeiten sind darunter zu verstehen:

- Situationen einschätzen können
- Sich in der Welt zurechtfinden
- Beziehungen knüpfen und aufrechterhalten
- Selbstständig sein
- Eigene und fremde Gefühle richtig wahrnehmen

Intelligenzforscher Thorndike fasste im Jahr 1920 erstmalig diese Fähigkeiten unter dem Begriff der **sozialen Intelligenz** zusammen (Krause, K.-T., 2007, S.15). Auch Psychologe Wechsler hielt den Begriff der klassischen Intelligenz für zu einseitig und lückenhaft. Sein Ziel war es, weitere Faktoren aus dem sozialen und emotionalen Bereich mit dem klassischen Intelligenzbegriff zu verknüpfen und diesen dementsprechend auszuweiten (Krause, K.-T., 2007, S.15). Gardner, Erziehungswissenschaftler, schloss sich 1983 den Ansätzen von Wechsler und Thorndike an und prägte den Begriff der **multiplen Intelligenzen** (Stein & Book, 2009, S. 34). Peter Salovey und John Mayer, zwei amerikanische Psychologen waren die Vorreiter dieses Konzeptes. Sie verknüpften drei konzeptuell verwandte mentale Prozesse miteinander: *Das Erkennen und der Ausdruck von Emotionen, das Kontrollieren von Emotionen und das Arbeiten mit den gemachten Erkenntnissen über Emotionen.* Des Weiteren haben sie die EI in vier Bereiche untergliedert. *Wahrnehmung und Ausdruck von Emotionen, Denken mit Emotionen, Verstehen und Analysieren von Emotionen, Verwaltung und Regulation von Emotionen* (Assen, v., 2019, S.73). Mayer, Salovey und Caruso entwickelten zur Messung der Fähigkeit zur EI einen Leistungstest (Mayer-Salovey-Caruso Emotional Intelligence Test), welcher die vier bereits erwähnten Bereiche bewertet. Diese Bereiche werden zudem in jeweils zwei Untertests gegliedert, auf welche sich die insgesamt 141 Items verteilen (Burk & Amelang, 2015, S.155).

Erkennen von Emotionen, Verbinden von Emotionen mit eigenen Erfahrungen und *Erkenntnis von Einfluss aus Erfahrungen auf Gedanken* wird unter der Rubrik **Erfahrungsbasierte Emotionale Intelligenz** bewertet.

Verstehen der Bedeutung von Emotionen, Verstehen von Auswirkungen der Emotionen auf Beziehungen und *Umgang mit eigenen/fremden Gefühlen* wird unter der Rubrik **Strategische Emotionale Intelligenz** bewertet. In diesem Test wird sowohl Bild- als auch Tonmaterial verwendet, welches die Probanden vor fiktive Situationen stellt, die es einzuschätzen und zu bewerten gilt. Die Person muss sich beispielsweise nach dem Hören einer Geschichte oder dem Betrachten eines Bildes für die „richtige" oder „falsche" Antwort entscheiden. Die „richtige" beziehungsweise „falsche" Antwort wurde bereits im Vorfeld durch eine Normstichprobe herausgearbeitet (Burk & Amelang, 2015, S.155). Auf den Erkenntnissen von Salovey und Mayer baute Daniel Goleman auf. Der amerikanische Wissenschaftsjournalist veröffentlichte im Jahr 1996 ein Buch mit dem Titel „Emotionale Intelligenz", welches diese Thematik bekannt machte (Bosley & Kasten, 2018, S.40). Nach Goleman handelt es sich bei der Emotionalen Intelligenz um *„die Fähigkeit, unsere eigenen Gefühle und die anderer zu erkennen, uns selbst zu motivieren und gut mit Emotionen in uns selbst und in unseren Beziehungen umzugehen"* (Goleman, 2011, S.387). Bei diesem Modell handelt es sich um ein gemischtes Modell, da das Konzept der EI mit einigen Persönlichkeitsmerkmalen verknüpft wird. Goleman postulierte fünf Komponenten für die Emotionale Intelligenz: Selbstregulierung (die eigenen Emotionen bewusst gestalten), Selbstwahrnehmung (die eigenen Emotionen bewusst wahrnehmen und erkennen), Motivation (die eigenen Emotionen zur Verwirklichung der eigenen Ziele nutzen), Empathie (sich in andere Menschen einfühlen), Soziale Kompetenz (Beziehungen gestalten und mit Konflikten umgehen) (Bosley & Kasten, 2018, S.40). Seine Erkenntnisse fanden in der Arbeitswelt enorme Beachtung. Um die EI nach Goleman zu messen, wurde speziell für den Bereich in der Arbeitswelt ein Test entwickelt, der Emotional Competence Inventory Test.

3.2 Die Rolle der EI in Teams und Teambildungsprozessen

In allen Gruppen, Organisationen und zwischenmenschlichen Beziehungen spielen Emotionen eine Rolle. Diese können sowohl positiv, als auch negativ sein und eine Auswirkung auf das Arbeitsklima und den Zusammenhalt der Gemeinschaft haben. Des Weiteren resultiert aus Emotionen Motivation oder De-Motivation. Goleman gliederte Emotionen in **acht Hauptfamilien**: Zorn, Trauer, Überraschung, Furcht, Liebe, Freude, Ekel, Scham (Goleman, 1996, S. 363). Diese Emotionen zu erkennen, anzunehmen und darauf zu reagieren beschreibt die Wechselwirkung zwischen Emotionen und Verstand. Eine Fähigkeit, die der EI zugeschrieben wird, ist nicht nur das Verstehen ebendieser Emotionen, sondern auch das Kontrollieren. Es zeugt von sozialer Fähigkeit seine eigenen Gefühle vor anderen zu verbalisieren und zum Ausdruck zu bringen.

Bei der Zusammenstellung von Teams treffen verschiedene Menschen mit unterschiedlichen Fähigkeiten, Voraussetzungen, Wertevorstellungen, Talenten und Bedürfnissen aufeinander. Dies kann zur Folge haben, dass aufgrund der verschiedenen Persönlichkeiten, Konflikte und negative Emotionen auftreten. Demnach ist es von enormer Bedeutung, schon zu Beginn der Zusammenstellung offen über die individuellen Ansichten, Schwächen und Stärken zu sprechen. Die Teammitglieder lernen sich gegenseitig kennen und schätzen und es besteht die Möglichkeit, aus dieser Vielfalt zu profitieren. Das Können und Wissen des Anderen kann hilfreich für die eigene Zielverfolgung sein und sich zum Nutzen gemacht werden. Die Heterogenität der Gruppe ist also bei gezielter, koordinierter Verwendung durchaus gewinnbringend. Hat jeder Einzelne seine Rolle und Position im Team gefunden, sorgt die Zufriedenheit eines jeden Mitgliedes, für Harmonie im gesamten Team. Das produktive Potenzial, die Effizienz und der Output der Gruppe, kann somit das Höchstmaß erreichen. Poggendorf ist der Meinung, dass es besonders wichtig sei, seine Emotionen mit den Kollegen auszutauschen zu können. Dies setzt voraus, dass das Team über soziale Kompetenzen verfügt. Es ist nicht nur sinnvoll bei der Zusammenstellung des Teams ins Gespräch zu gehen, um sich über die individuellen Bedürfnisse auszutauschen. Regelmäßige Teammeetings mit Reflexionseinheiten können Unzufriedenheiten und Disharmonie vorbeugen oder bereits aufgetretene Konflikte lösen. Die Reflexion, beziehungsweise Selbstreflexion und die folgenden Punkte, spielen Golemans Auffassung nach, eine bedeutsame Rolle:

- Selbstreflexion (sich seiner Stärken und Schwächen und seiner Wirkung auf andere, sowie eigener Gefühle und dessen Konsequenzen bewusst zu sein)
- Selbstkontrolle (Fähigkeit akute/impulsive Gefühle angemessen zu kontrollieren und zielgerichtet zu nutzen)
- Motivation (hoher Anspruch an sich selbst, hohe Zielorientierung, Optimismus, Engagement)
- Empathie (Fähigkeit, sich in Emotionen/Situationen anderer hineinzuversetzen) (Jetter, Skrotzki, 2005, S.27-29)

Es ist nicht davon auszugehen, dass jeder Mensch im gleichen Maße über EI verfügt. Je mehr eine Person über das Können von Selbstreflexion, Selbstkontrolle, Motivation und Empathie verfügt, desto höher ist seine EI. Emotionale Intelligenz ist erlern- und ausbaubar. Dies zeigt sich auch dahingehend, dass der EQ im fortgeschrittenen Alter zunimmt und demnach kann es sich als nützlich erweisen, ältere Menschen in Teams aufzunehmen. Verglichen mit dem im Alter zunehmendem EQ, nimmt der IQ im Alter ab. Goleman behauptet, dass die EI in Hinblick auf beruflichen Erfolg von größerer Bedeutung ist, als die akademische Intelligenz (Bosley & Kasten, 2018, S.43).

3.3 Kritik am Konzept der EI

Das Konzept der EI wird immer wieder von Wissenschaftlern und Praktikern aus unterschiedlichen Bereichen und Anwendungsfeldern diskutiert und kritisiert. Es wird als unklar bezeichnet, ob es sich bei der Emotionalen Intelligenz um eine Fähigkeit, eine erlernbare Kompetenz oder eine Eigenschaft handelt (Zehenter, A. ,2019, S.60). Nach Goleman soll sein gemischtes Modell den Forschern ermöglichen, das Zusammenspiel von verschiedenen Verhaltensweisen nachvollziehen zu können und wie dies zu effizienterem Arbeiten und höheren Leistungen führen kann. Eyseneck, ein deutscher Psychologe, der den Unterschied zwischen menschlicher Intelligenz und Persönlichkeit untersuchte, ist der Meinung, dass die gemischten Modelle der EI keiner Evidenz zugrunde liegen. Würde man den Faktor berufliche Leistung betrachten, wäre es nicht nachvollziehbar, ob die Leistung durch ein Persönlichkeitsmerkmal oder durch Intelligenz begründet ist. Des Weiteren kritisierte Eyseneck die äußere Erkennbarkeit von EI. Die Frage, ob und wie man die Emotionale Intelligenz „messen" kann, wird diskutiert. Andere Modelle der Intelligenz, wie beispielsweise die *„kognitive Intelligenz"*, sind leicht zu messen. Hierbei können Tests und Aufgaben gestellt werden, deren Ergebnisse mit der Lösung „richtig" oder „falsch" bewertet werden können (Zehenter, A. (2019) S.60). Doch wie wird die „richtige" oder „falsche" Antwort bei der EI herausgearbeitet? Der **MSCEIT™**, der Test zur Messung der EI, soll beispielsweise ermitteln wie „gut" die Testperson mit Emotionen umgehen kann. Woran wird bei einem solchen Test eine „richtige" oder „falsche" Antwort gekennzeichnet. Das „Richtig" oder „Falsch" wird von „emotionalen Experten" festgelegt. Es stellt sich allerdings die Frage, was diesen zu einem solchen Experten auszeichnet. Sowohl die Antworten des Getesteten, als auch die des Experten sind nicht von objektiver Natur. Sie sind subjektiv, da bei dieser Thematik persönliche Erfahrungen und eigene Wertesysteme Wirkung auf die Antwort haben. Dadurch sind die Ergebnisse anfällig für Verzerrungen, welche sowohl unbewusst oder bewusst sein können. Aufgrund dessen, dass es sich als schwierig darstellt, die EI zu messen, im Gegensatz zum Messen des Intelligenzquotienten, sollte man diese eher als Fähigkeit oder Kompetenz ansehen Goleman verweist bei diesem Kritikpunkt auf den beruflichen Erfolg, der bei der Beurteilung von EI herangezogen werden kann. Neben Eyseneck übte Heinz Schuler wohl die bedeutsamste Kritik am Konzept Golemans aus. Dieses bezeichnete er als „pseudowissenschaftliche Errungenschaft, rückschrittlich und irreführend". Empirische Belege würden fehlen und es gebe nur das wieder, was bereits veröffentlichte Konzepte besser prüfbar und nachvollziehbar darlegen (Schuler, 2002, S. 138-140). Problematisch ist auch, dass das Konzept der EI und der sozialen Intelligenz nicht klar voneinander abgrenzbar ist. Sie überschneiden sich insofern, dass die Emotionen von Menschen meist in sozialen Zusammenhängen beleuchtet werden (Rauthmann, 2017, S.205).

Obwohl die EI einiger Kritik unterliegt, wird dieses Konzept in der freien Wirtschaft vielfach verwendet. Einige Firmen und Unternehmen nutzen die Eigenschaften der emotionalen Intelligenz im Bereich der Bewertung und Einstellung von Bewerbern (Bosley, I., Kasten E., (2018) S.155).

Literaturverzeichnis

Assen, V. (2019). *Crash-Kurs Psychologie; 2. Semester.* Berlin: Springer Verlag

Behrend, B., D'Amelio, R., Wobrock, T. (2006). *Psychoedukation : Schizophrenie und Sucht. Manual zur Leitung von Patienten- und Angehörigengruppen.* Elsevier, München: Urban und Fischer

Bosley, I., Kasten, E. (2018). *Emotionale Intelligenz: Ein Ratgeber mit Übungsaufgaben für Kinder, Jugendliche und Erwachsene.* Berlin, Heidelberg: Springer Verlag

Burk, C. L. & Amelang, M. (2015). TBS-TK Rezension: MSCEIT – Mayer-Salovey-Caruso Test zur Emotionalen Intelligenz. Deutschsprachige Adaptation des Mayer-Salovey-Caruso Emotional Intelligence Test (MSCEIT™). *Zeitschrift für Arbeits- und Organisationspsychologie, 59,* 155–157

Brunnhuber, S., Frauenknecht, S., Lieb, K. (2005). *Intensivkurs Psychiatrie und Psychotherapie* (5. Auflage). München, Jena: Urban & Fischer

Caspar, F., Pjanic, I., Westermann, S. (2018). *Klinische Psychologie.* Wiesbaden: Springer Verlag

Falkei, P., Riecher-Rössler, A. (2019) *Neurologen und Psychiater im Netz.* Von https://www.neurologen-und-psychiater-im-netz.org/psychiatrie-psychosomatik-psychotherapie/stoerungen-erkrankungen/schizophrenie-und-schizophrene-psychosen/verlaufprognose/ am 10.02.2020 abgerufen

Faltermaier, Toni. (2017). *Gesundheitspsychologie* (2.Auflage). Stuttgart: W. Kohlhammer GmbH

Habib, E., Riechert, I. (2017). *Betriebliches Eingliederungsmanagement bei Mitarbeitern mit psychischen Störungen.* Berlin, Heidelberg: Springer Verlag

Jetter, F., Skrotzki, R. (2005). *Soziale Kompetenz- Führungskräfte lernen Emotionale Intelligenz, Motivation, Coaching.* Regensburg: Walhalla Verlag

Koch, L.J., Prößl, A., Schnell, T. (2019). *Psychische Störungsbilder.* Berlin: Springer

Krause, K.-T. (2007). *Emotionale Intelligenz: Softskills für Manager?* Norderstedt: Books on Demand GmbH

Lazarus, R.S, Folkman, S. (1984). *Stress, appraisal, and coping.* New York: Springer.

Rauthmann, J.F. (2017). *Persönlichkeitspsychologie: Paradigmen- Strömungen-Theorien.* Berlin: Springer

Reif, J., Spieß, E., Stadler, P. (2018). *Effektiver Umgang mit Stress. Gesundheitsmanagement im Beruf.* Berlin, Heidelberg: Springer

Stein, S.J., Book, H.E. (2009). *Das EQ-Potenzial – Emotionale Intelligenz als Schlüssel zum Erfolg,* 1.Auflage, Weinheim

Werkstaetten-im-Netz. (21.11.2019). *Werkstaetten-im-Netz.* Abgerufen am 3.2.2020 von: https://www.werkstaetten-im-netz.de/aufgaben-und-ziele-der-wfbm.html

Wittchen, H.-U., Hoyer, J. (2011). *Klinische Psychologie & Psychotherapie* (2.Auflage). Berlin, Heidelberg: Springer

Zehenter, A. (2019). *Emotionale Intelligenz und Verkaufsperformance: Eine Untersuchung direkter und indirekter Effekte im Business-to-Bussiness Umfeld.* Wiesbaden: Springer Gabler.